Katharine Pusch

Übergänge zwischen den Welten

Die Verquickung von Magier- und Muggelwelt in den Harry-Potter-Büchern

Katharine Pusch

Übergänge zwischen den Welten

Die Verquickung von Magier- und Muggelwelt in den Harry-Potter-Büchern

GRIN Verlag

Bibliografische Information der Deutschen Nationalbibliothek: Die Deutsche Bibliothek
verzeichnet diese Publikation in der Deutschen Nationalbibliografie; detaillierte bibliografische Daten sind im Internet über http://dnb.d-nb.de/ abrufbar.

1. Auflage 2010
Copyright © 2010 GRIN Verlag
http://www.grin.com/
Druck und Bindung: Books on Demand GmbH, Norderstedt Germany
ISBN 978-3-640-87476-7

Seminar: The Harry Potter Phenomenon (Seminar)
Modul: KKG 11 Vertiefungsmodul (KKG 05)
Semester: SoSe 2010

Übergänge zwischen den Welten
Die Verquickung von Magier- und Muggelwelt in den Harry-Potter-Büchern

Leuphana Universität Lüneburg
Angewandte Kulturwissenschaften
6. Fachsemester

Abgabetermin: 05.10.2010

Inhaltsverzeichnis

0. Einleitung

Das Phänomen Harry Potter hat ein großes Echo hervorgerufen, nicht nur bei Millionen[1] von Lesenden, sondern auch in der (Literatur-)Wissenschaft. Wenn man sich mit den Büchern über den jungen Zauberer befasst, kommt man nicht umhin sich mit dem Verhältnis dieser magischen Welt zu unserer nicht-magischen zu beschäftigen. Denn es macht einen Teil der Faszination aus, dass sie fast greifbar ist, ganz in der Nähe und nur gut versteckt. Dabei wird das Wesen der verborgenen Welt ganz unterschiedlich beschrieben und aufgefasst. Joachim Kalka bezeichnet sie in seinem FAZ-Artikel als *„Gegenwelt"*[2], die *„in einer Art Dimensionsfalte unseres Universums angesiedelt"*[3] ist. Dieter Petzold schreibt dagegen,

> *„[...] dass in den Harry-Potter-Büchern – anders als im Märchen – zwei Welten neben-, in- und miteinander existieren, sich berühren und überlagern und einander doch fremd bleiben."*[4]

Roni Natov umschreibt dieses Zusammenspiel als *„[...] interpenetration of the two worlds [...]"*[5], als Durchdringung der Magier- und der Muggelwelt. Um sich der Frage zu nähern, wie diese beiden Welten sich zueinander verhalten, wie nah oder wie fremd sie sich sind, soll in dieser Arbeit zunächst gezeigt werden, welche Arten von magischen Welten es gibt und wie die Übergänge dorthin gestaltet sind – erst im Allgemeinen, dann speziell auf die Harry-Potter-Bücher bezogen. Davor steht noch eine kurze Beschreibung der verwendeten Materialien.

1. Material

Für diese Arbeit dient als Primärliteratur selbstverständlich die Harry-Potter-Reihe, aber auch andere Vertreter der phantastischen Literatur, wie etwa C. S. Lewis' *Chronicles of Narnia* oder Lewis Carrolls *Alice im Spiegelland*. Aus diesen stammen vor allem Beispiele für Übergänge, die in den Harry-Potter-Büchern nicht zu finden sind. Die Sekundärliteratur stammt fast vollständig aus dem Seminarapparat zu *The Harry Potter Phenomenon*.

---

[1] vgl. Kalka, 2000, S. 1.
[2] Kalka, 2000, S. 1.
[3] Kalka, 2000, S. 1.
[4] Petzold, 2001, S. 25.
[5] Natov, 2001, S. 314.

Informationen zur Autorin sind für diese Arbeit irrelevant und werden daher vernachlässigt. Aufgrund des gegebenen Rahmens und der daraus folgenden Kürze dieser Arbeit kann nur eine eher oberflächliche Analyse erfolgen.

2. Magische Welten und ihre Nähe zur unsrigen

In der phantastischen Kinder- und Jugendliteratur gibt es drei Erzählmodelle der Verbindung zwischen unserer (Alltags-)Welt – der Primärwelt – und anderen, magischen Welten – den Sekundärwelten: die geschlossene, die offene und die implizierte sekundäre Welt.[6]

Die geschlossene sekundäre Welt hat keinen Kontakt zur Primärwelt; sie ist eine Eigenwelt, die unserer zwar ähnelt, aber mit Elementen des Phantastischen gefüllt ist und von ihnen dominiert wird. So ist es etwa bei J.R.R. Tolkiens Trilogie *The Lord of the Rings*[7] der Fall. Mittelerde ist eine Sekundärwelt und sie basiert auf unserer Welt, was zum Beispiel an der Wirkungsweise von Naturgesetzen zu bemerken ist: Wenn ein Hobbit einen Ring in die Luft wirft, fällt dieser, nach dem Gesetz der Schwerkraft, zu Boden[8], genauso wie er in der Primärwelt auf den Boden fallen würde. Denn eine sekundäre Welt darf zwar phantastisch sein, aber nicht so weit von der Welt der Lesenden entfernt, dass eine Identifikation nicht mehr möglich ist.[9] Denn, wie Ann Swinfen in ihrem Buch *In Defence of Fantasy* schreibt:

> "Although there is always some common ground between the primary world and any secondary world, the secondary world fantasy is clearly the furthest removed from everyday experience."[10]

Ebenfalls deutlich anders als unsere Alltagswelt, aber mit ihr verbunden, sind offene sekundäre Welten. *„Hier ist der Text bestimmt durch das Zusammentreffen zweier Welten"*[11] und im Allgemeinen wird *„auch der Übergang von einer zur anderen Welt durch das Überschreiten bestimmter Schwellen und Umsteigepunkte realisiert"*.[12] Teilweise sind diese Übergänge nicht genau definiert, wie bei *Gulliver's Travels*[13] oder *The Wild Things*[14] – die

---

[6] O'Sullivan, 2006b, S. 8, unter Bezugnahme auf Nikolajeva, 1988, o. S.
[7] Tolkien, 2007.
[8] (oder in das Feuer des Schicksalsberges) Tolkien, 2007.
[9] Swinfen, 1984, S. 75.
[10] Swinfen, 1984, S. 76.
[11] O'Sullivan, 2006b, S. 8.
[12] O'Sullivan, 2006b, S. 8.
[13] Swift, 1994, S. 10f.

3

geheimnisvollen Inseln, die die Protagonisten besuchen, lassen sich auf dem Wasserweg erreichen, aber wann genau sie die primäre Welt verlassen und in die sekundäre eintreten ist nicht deutlich. Auch wenn diese Sekundärwelten zumindest auf demselben Planeten zu liegen scheinen. Bei anderen Vertretern dieses Modells, zu denen auch die Harry-Potter-Bücher zählen, gibt es dagegen klare Übergänge, dazu mehr im nächsten Kapitel.

Beim dritten Erzählmodell, der implizierten sekundären Welt, taucht in der Primärwelt *„eine phantastische Figur oder ein phantastisches Requisit"*[15] auf. Die Sekundärwelt, aus der diese Erscheinung stammt, wird aber nicht dargestellt. Die Welt, aus der Mary Poppins[16] kommt, wird zum Beispiel nie beschrieben. Mit ihren besonderen Fähigkeiten kann sie aber nicht von dieser Welt sein, was den Lesenden schon bei ihrer Ankunft im Kirschbaumweg 17 klar ist, als sie mit Hilfe ihres Papageienschirms vor die Tür schwebt.

3. Übergänge zwischen den Welten

Es gibt, wie erwähnt, ganz unterschiedliche andere und magische Welten. Genauso gibt es, innerhalb der Logik des jeweiligen literarischen Werkes, auch ganz unterschiedliche Wege dorthin: Übergänge zwischen den Welten. Zu manchen, wie Mittelerde, gibt es keinen Übergang, sie sind unerreichbar. In andere kann man sozusagen aus Versehen hineinstolpern oder -fallen, wenn man zum Beispiel, wie bei *Alice im Wunderland*, das richtige Kaninchenloch erwischt.[17] Dafür muss es sich aber um eine offene sekundäre Welt handeln und um solche soll es auch im Folgenden gehen.

Ein Übergang oder eine „phantastische Schwelle"[18] kann ganz unterschiedlich beschaffen sein und, wie im voran gegangenen Kapitel erwähnt, sogar unmerklich überschritten werden. Es wird einerseits zwischen permanenten und temporären Übergängen unterschieden und andererseits zwischen Einbahnstraßen und Schwellen, die in beide Richtungen überschreitbar sind. Diese beiden Einordnungen lassen sich beliebig kombinieren. Außerdem hat Nikolajeva neun sogenannte „passage"-Faianteme aufgezählt:[19]

---

[14] Eggers, 2010, 81ff.
[15] O'Sullivan, 2006b, S. 8.
[16] Travers, 1934.
[17] Carroll, 1963a, S. 12f.
[18] O'Sullivan, 2006b, S. 12.
[19] vgl. O'Sullivan, 2006b, S. 12.

„die Tür, der Tod, der Traum, der Bote, Boten aus der implizierten Sekundärwelt, das magische Objekt, Zeitreisemaschinen, technische Geräte, magische Gegenstände und magische Eigenschaften."[20]

In diesem Kapitel soll erläutert werden, wie diese verschiedenen Übergänge in der phantastischen Literatur im Allgemeinen und in den Harry-Potter-Büchern im Speziellen gestaltet sind. Dabei werden auch einige der genannten Übergangsvarianten wieder zu finden sein.

3.1 Schränke, Spiegel, Absperrungen – wie komme ich in eine magische Welt?

Allein in C.S. Lewis' sieben Narnia-Bänden gibt es zahlreiche Beispiele für Übergänge in andere Welten, und nicht nur nach Narnia. Im ersten Band *The Horse and His Boy* dienen magische Ringe als Übergangshelfer in eine Zwischenwelt. Von dort aus kann eine Vielzahl von Anderswelten erreicht werden, ebenfalls mit Hilfe der Ringe. Die Übergänge in der Zwischenwelt funktionieren permanent. So lange die Welten, die über sie erreicht werden können, existieren, sind auch die Schwellen nutzbar[21]. Sie können in beide Richtungen überschritten werden, vorausgesetzt man berührt den richtigen Ring. So gelangen die Protagonisten über Umwege nach Narnia und wohnen seiner göttlichen Erschaffung durch Aslan bei. Dieser weiß um die Existenz der anderen Welten, wie er im vierten Band *Prince Caspian* erklärt:

> *„There were many chinks and chasms between worlds in old times, but they have grown rarer. This was one of the last: I do not say the last. And so they fell, or rose, or blundered, or dropped right through, and found themselves in this world, in the Land of Telmar which was then unpeopled."*[22]

Aslans Erklärung zeigt, dass ein Umweg über die Zwischenwelt nicht notwendig ist, da es direkte Übergänge zwischen den einzelnen Welten gibt. Auch zwischen der Primärwelt und Narnia gibt es solche Übergänge. Einer befindet sich in einem Wandschrank, den Lucy als Versteck benutzt und so versehentlich in Narnia landet. Dieser Übergang ist temporär, denn

---

[20] O'Sullivan, 2006b, S. 12, unter Bezugnahme auf Nikolajeva, 1988, o.S.
[21] Die Welt Charn ist die Heimat der Hexe Jadis. Als die Welt stirbt, schließt sich der Übergang.
[22] Lewis, 1998, S. 284 (Hervorhebung im Original).

5

als Lucys zwei älteste Geschwister ihre Behauptung in einer anderen Welt gewesen zu sein überprüfen wollen, ist der Übergang verschwunden. Er öffnet sich aber noch mehrmals für die Geschwister, bis er sich nach ihrer endgültigen Rückkehr in die Primärwelt ganz schließt.

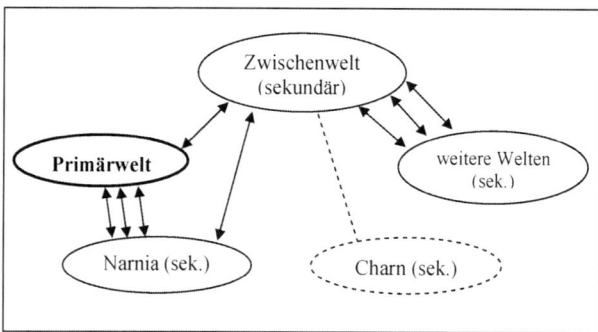

Abb. 1: Die Übergänge der Narnia-Reihe (eigene Abbildung).

In anderen Bänden gibt es noch temporäre Übergänge nach Narnia durch ein Bild (Einbahnstraße) und durch eine sonst verschlossene Tür (beide Richtungen). Ein weiterer Weg die Welt zu verlassen ist einmal ein frei stehender Türrahmen aus Ästen, durch den Aslan Menschen in die Primärwelt zurück schickt (Einbahnstraße). Außerdem kommen alle(bis auf Susan), die aus der Primärwelt Narnia besucht haben, im letzten Band *The Last Battle* nach Narnia zurück, nachdem sie bei einem Zugunglück ums Leben gekommen sind.

Ein weiterer Übergang ist bei *Alice im Spiegelland* zu finden, hier ist es, wie der Titel schon erahnen lässt, ein Spiegel. Alice fragt sich beim Spielen mit ihrem Kätzchen, wie es wohl auf der anderen Seite des Spiegels, im Spiegelhaus, aussehen könnte:

> *„Bestimmt gibt es dort ganz tolle Sachen, und ganz bestimmt kommt man irgendwie hinein! Das Glas soll einfach so weich sein wie ein Schleier, und schon schlüpft man durch. Schau, es ist ja wie feiner Rauch! Man kann wirklich durch..." Während sie das sagte, war sie schon oben auf dem Kaminsims – wie, wusste sie selber nicht genau - , und unter ihren Fingern schmolz das Glas wie feiner, silbriger Dunst."*[23]

---

[23] Carroll, 1963b, S. 20f.

Ob der Übergang temporär oder permanent ist, lässt sich hier nicht sagen, denn vielleicht wäre es Alice schon immer möglich gewesen, durch den Spiegel zu gehen. Da sie es aber nicht ausprobiert hat, bleibt das ungewiss.

Der meist zitierte Übergang im Zusammenhang mit Harry Potter ist sicher der permanente bei der Absperrung zwischen Gleis 9 und 10 am Londoner Bahnhof Kings Cross.[24] Sobald Harry die Absperrung durchschritten hat und auf Gleis $9^3/_4$ in seinen Schulzug steigt, beginnt für ihn sein neues Jahr in Hogwarts. Doch nicht alle Übergänge zwischen Magier- und Muggelwelt sind so eindeutig wie dieser, wie der nächste Abschnitt zeigen soll.

3.2 Fliegende Autos, Posteulen, bezauberte Muggel – wie nah ist die magische Welt der Muggelwelt?

Statt die Übergänge in der Reihenfolge ihres Erscheinens abzuarbeiten, sollen hier einige besonders interessante Beispiele genügen, um das Verhältnis von Magier- und Muggelwelt zu verdeutlichen. Geografisch gesehen, nehmen beide Welten mit wenigen Ausnahmen[25] den gleichen Raum ein.[26] Muggel und Zauberer bzw. Hexen haben aber unterschiedliche Arten Dinge wahrzunehmen. In einem seiner Scheibenweltromane beschreibt Terry Pratchett wie eine junge Hexe lernt, die Welt neu wahrzunehmen: *„Now I open my eyes. Now I open my eyes again–".*[27]

Bei Harry Potter ist das ähnlich: Er beginnt erst an seinem elften Geburtstag die Sekundärwelt zu entdecken. Obwohl bereits zuvor seltsame Dinge in seiner Nähe geschehen sind und am hellichten Tag Eulen im Ligusterweg herumflogen, kann er erst an die Existenz der magischen Welt glauben, als er von Hagrid seinen Brief und einige Informationen bekommt. Davor hat er die Primärwelt so wahrgenommen, wie sie die Muggel die ganze Zeit sehen. Auch wenn kaum ein Muggel von der magischen Welt weiß, so spüren sie doch die Auswirkungen von magischen Wesen, z.B. von Dementoren. In *HP und die Heiligtümer des Todes* verbreiten sie einen kalten Nebel und Hoffnungslosigkeit unter den Muggeln. Es werden auch mehrfach Muggel bezaubert, etwa der Platzwart des Zeltplatzes auf dem die

---

[24] z.B. Caselli, 2004, S. 169; Kalka, 2000, S. 1; O'Sullivan, 2006a, S. 27.
[25] Zu den Ausnahmen zählen der Grimauld Place und magisch vergrößerte Räume, wie Hermines Handtasche und die Zelte bei der Quidditch-Weltmeisterschaft.
[26] vgl. Fenske, 2008, S. 105.
[27] Pratchett, 2005, S. 298.

Zauberer zur Quidditch-Weltmeisterschaft ihre Zelte aufschlagen; er wird mehrmals mit einem Gedächtnisveränderungszauber belegt. Schon in *HP und der Stein der Weisen* bekommt Dudley von Hagrid eine Schweineschwänzchen angehext. Bestimmte Zauber verbergen auch Gebäude wie Hogwarts vor Muggelaugen und lassen sie dann wie einsturzgefährdete Ruinen aussehen.

Harry stellt nach und nach fest, dass sich die Zauberergemeinschaft im Verborgenen, aber doch in direkter Nachbarschaft zu den Muggeln befindet. Viele Zaubereinrichtungen müssen daher getarnt werden. Die Ein- bzw. Übergänge werden dann so unattraktiv wie möglich gestaltet, damit kein Muggel sie aus Versehen entdeckt: eine demolierte Telefonzelle[28] und defekte Toiletten führen ins Zaubereiministerium, ein Schaufenster mit einer häßlichen Kleiderpuppe gewährt Einlass ins St. Mungo's Krankenhaus und der Tropfende Kessel, über dessen Hinterhof die Winkelgasse zu erreichen ist, sieht von außen wenig einladend aus. Diese Übergänge sind permanent und in beide Richtungen offen. Die Vermutung liegt nahe, dass sie auch Muggel durchlassen, wenn diese sie finden könnten. Denn Hermines Eltern sind beide nicht-magisch und können sie trotzdem in die Winkelgasse begleiten, wo sie auch ihr Muggelgeld gegen Zauberergeld tauschen können.

Es gibt auch temporäre Übergänge, die als Einbahnstraßen funktionieren: Portschlüssel. Ein beliebtes Transportmittel, das Cedric am Ende des Trimagischen Turniers[29] zum Verhängnis wird und Harry fast ebenfalls. Andere Transportmöglichkeiten, wie die Nutzung des Flohnetzwerkes und das Apparieren, können Übergänge sein und wären dann temporär. Sie funktionieren aber auch, wenn sie nur von einem magischen Ort zum anderen eingesetzt werden. Welche Orte magisch sind und welche nicht, lässt sich nicht immer unterscheiden. Als Harry, Hermine und Ron auf der Suche nach den Horkruxen sind, reisen sie dabei mit ihrem Zelt von Ort zu Ort. Hauptsächlich suchen sie verlassene Gegenden auf, um die Wahrscheinlichkeit einer Entdeckung zu verringern. Diese Plätze werden erst dann Teil magisch, wenn das magische Zelt dort steht und durch Zauberbanne geschützt ist.

---

[28] Ich widerspreche damit Claudia Fenske, die die kaputte Telefonzelle als Teil der die „Broken-down ‚Muggle' world" einordnet, die den Zauberern ihr Leben schwer macht. Fenske, 2008, S. 107.
[29] HP und der Feuerkelch.

Wenn Harry bei den Dursleys die Ferien verbringen muss, ist er so weit in der Primärwelt, wie es nur geht. Dann fühlt er sich der Magierwelt sehr fern, da er nicht zaubern darf. In *HP und die Kammer des Schreckens* wird Harry von den Weasleys in einem fliegenden Auto gerettet. Sobald Harry aus dem Fenster und in den Wagen geklettert ist, lässt er die Dursleys und die Muggelwelt hinter sich. Obwohl er sich räumlich noch im Ligusterweg bzw. in Little Whinging befindet, ist er in dem verzauberten Auto und bei seinen (Zauberer-)Freunden der magischen Welt näher als der nicht-magischen.

4. Schluss

Die Magierwelt von Harry Potter ist eine offene sekundäre Welt, die zwar auch über einige klare Übergänge verfügt, aber größtenteils untrennbar mit der Muggelwelt verquickt ist. Oft lässt sich nicht sagen, ob Harry sich in der Primär- oder der Sekundärwelt befindet, da sich beide, bis auf wenige Ausnahmen, geografisch decken. Dann bewegt er sich zwischen den Welten wie zwischen zwei Polen und es hängt hauptsächlich von seiner Umgebung ab, welcher Welt er sich gerade näher fühlt.

Dass die magische und die nicht-magische Welt so miteinander verquickt sind, macht einen Teil des Reizes der Harry-Potter-Reihe aus. Denn auch wenn der eigene elfte Geburtstag vielleicht schon lange vorbei ist, so möchten sich Lesende doch nicht als ignorante Muggel betrachten, sondern hoffen, dass sie irgendwie einen Blick auf diese magische Welt erhaschen könnten. Die Übergänge in die magische Welt sind, wie gezeigt, häufig im ganz alltäglichen Umfeld der Muggelwelt versteckt. In einem Umfeld, das wir selbst so oder ähnlich kennen: Straßen, in denen die Nummerierung der Häuser seltsam erscheint, Geschäftsräume, die seit langer Zeit leer stehen, oder alte, kaputte Gegenstände, die in der Landschaft herum liegen. Wer sich nach der Lektüre der Harry-Potter-Bücher dabei ertappt, zu hoffen, ein alter Gummistiefel sei ein Portschlüssel, auf den hat ihr Zauber wahrlich gewirkt.

Literaturverzeichnis

Primärliteratur

CARROLL, LEWIS: *Alice im Wunderland*. Aus dem Englischen von Christian Enzensberger. Frankfurt/M.: Insel Verlag 1963a.

CARROLL, LEWIS: *Alice im Spiegelland.* Aus dem Englischen von Barbara Teutsch. Hamburg: Cecilie Dressler Verlag 1963b.

EGGERS, DAVE: *The Wild Things. There's one in all of us*. London etc.: Penguin Books 2010.

LEWIS, C. S.: The *Complete Chronicles* of *Narnia*. New York: Harper Collins Publishers 1998.

PRATCHETT, TERRY: A Hat Full of Sky. London: Corgi Books 2005.

ROWLING, JOANNE K.: *Harry Potter und der Stein der Weisen*. Aus dem Englischen von Klaus Fritz. Hamburg: Carlsen 1998.

ROWLING, JOANNE K.: *Harry Potter und die Kammer des Schreckens*. Aus dem Englischen von Klaus Fritz. Hamburg: Carlsen 1999.

ROWLING, JOANNE K.: *Harry Potter und der Gefangene von Askaban*. Aus dem Englischen von Klaus Fritz. Hamburg: Carlsen 1999.

ROWLING, JOANNE K.: *Harry Potter und der Feuerkelch*. Aus dem Englischen von Klaus Fritz. Hamburg: Carlsen 2000.

ROWLING, JOANNE K.: *Harry Potter und der Orden des Phönix*. Aus dem Englischen von Klaus Fritz. Hamburg: Carlsen 2003.

ROWLING, JOANNE K.: *Harry Potter und der Halbblutprinz*. Aus dem Englischen von Klaus Fritz. Hamburg: Carlsen 2005.

ROWLING, JOANNE K.: *Harry Potter und die Heiligtümer des Todes*. Aus dem Englischen von Klaus Fritz. Hamburg: Carlsen 2007.

SWIFT, JONATHAN: *Gulliver's Travels*. London etc.: Penguin Popular Classics 1994.

TOLKIEN, J.R.R.: *The Lord of the Rings*. London: Harper Collins Publishers 2007.

TRAVERS, PAMELA L.: *Mary Poppins*. Harcourt Brace & Co. 1997.

Sekundärliteratur

CASELLI, DANIELA: *Reading Intertextuality. The Natural and the Legitimate. Intertextuality in „Harry Potter".* In: Lesnik-Oberstein, Karin (Hg.): Children's Literature. New Approaches. Basingstoke etc.: Palgrave Macmillan 2004.

FENSKE, CLAUDIA: *Muggles, Monsters and Magicians. A Literary Analysis of the* Harry Potter *Series.* Frankfurt/M.: Peter Lang GmbH 2008.

KALKA, JOACHIM: *Abfahrt am Gleis Neundreiviertel im Bahnhof King's Cross. Aus dem Familienroman der Neurotiker. Harry Potter und die Hoffnung, ein anderer in einer anderen Welt zu sein.* In: FAZ Nr. 154, 6.6.2000.

NATOV, RONI: *Harry Potter and the Extraordinariness of the Ordinary.* In: The Lion and The Unicorn 25, 2001.

NIKOLAJEVA, MARIA: *The Magic Code. The use of magical patterns in fantasy for children.* Stockholm: Almqvist + Viksell International 1988.

O'SULLIVAN, EMER: *Der Zauberlehrling im Internat: „Harry Potter" im Kontext der britischen Literaturtradition.* In: Garbe, Christine/Phillip, Maik (Hg.): "Harry Potter" - Ein Literatur- und Medienereignis im Blickpunkt interdisziplinärer Forschung. Hamburg, Münster: LIT-Verlag 2006a.

O'SULLIVAN, EMER: *Phantastische Kinder- und Jugendliteratur* (= Fernkurs Kinder- und Jugendliteratur, Hg. von Inge Cevela und Heidi Lexe). Wien: Stube 2006b.

PETZOLD, DIETER: *Die Harry Potter-Bücher: Märchen,* fantasy fiction, school stories – *und was noch?.* In: Spinner, Kaspar H. (Hg.): Im Bann des Zauberlehrlings? Zur Faszination von Harry Potter. Regensburg: Friedrich Pustet 2001.

SWINFEN, ANN: *In Defence of Fantasy. A Study of the Genre in English and American Literature since 1945.* London etc.: Routledge & Kegan Paul 1984.

Lightning Source UK Ltd.
Milton Keynes UK
UKRC012037150819
348056UK00001B/8